TRANZLATY

El idioma es para todos

Limba este pentru toată lumea

La Bella y la Bestia

Frumoasa și Bestia

Gabrielle-Suzanne Barbot de Villeneuve

Español / Română

Copyright © 2025 Tranzlaty
All rights reserved
Published by Tranzlaty
ISBN: 978-1-80572-090-4
Original text by Gabrielle-Suzanne Barbot de Villeneuve
La Belle et la Bête
First published in French in 1740
Taken from The Blue Fairy Book (Andrew Lang)
Illustration by Walter Crane
www.tranzlaty.com

Había una vez un rico comerciante
A fost odată un negustor bogat
Este rico comerciante tuvo seis hijos.
acest bogat negustor a avut șase copii
Tenía tres hijos y tres hijas.
a avut trei fii si trei fiice
No escatimó en gastos para su educación
nu a scutit nici un cost pentru educația lor
Porque era un hombre sensato
pentru că era un om cu simț
pero dio a sus hijos muchos siervos
dar le-a dat copiilor săi mulți slujitori
Sus hijas eran extremadamente bonitas
fiicele lui erau extrem de frumoase
Y su hija menor era especialmente bonita.
iar fiica lui cea mică era deosebit de drăguță
Desde niña ya admiraban su belleza
în copilărie, frumusețea ei era deja admirată
y la gente la llamaba por su belleza
iar oamenii o numeau după frumusețea ei
Su belleza no se desvaneció a medida que envejecía.
frumusețea ei nu s-a stins pe măsură ce a îmbătrânit
Así que la gente seguía llamándola por su belleza.
așa că oamenii o tot numeau după frumusețea ei
Esto puso muy celosas a sus hermanas.
asta le-a făcut pe surorile ei foarte geloase
Las dos hijas mayores tenían mucho orgullo.
cele două fiice mai mari aveau multă mândrie
Su riqueza era la fuente de su orgullo.
averea lor era sursa mândriei lor
y tampoco ocultaron su orgullo
și nu și-au ascuns nici mândria
No visitaron a las hijas de otros comerciantes.
nu au vizitat fiicele altor negustori
Porque sólo se encuentran con la aristocracia.
pentru că se întâlnesc doar cu aristocrația

Salían todos los días a fiestas.
ieșeau în fiecare zi la petreceri
bailes, obras de teatro, conciertos, etc.
baluri, piese de teatru, concerte și așa mai departe
y se rieron de su hermana menor
și râdeau de sora lor cea mai mică
Porque pasaba la mayor parte del tiempo leyendo
pentru că își petrecea cea mai mare parte a timpului citind
Era bien sabido que eran ricos
era bine cunoscut că erau bogați
Así que varios comerciantes eminentes pidieron su mano.
așa că mai mulți negustori eminenti le-au cerut mâna
pero dijeron que no se iban a casar
dar au spus că nu vor să se căsătorească
Pero estaban dispuestos a hacer algunas excepciones.
dar erau pregătiți să facă unele excepții
"Quizás podría casarme con un duque"
„Poate că m-aș putea căsători cu un duce"
"Supongo que podría casarme con un conde"
„Cred că m-aș putea căsători cu un conte"
Bella agradeció muy civilizadamente a quienes le propusieron matrimonio.
beauty le-a mulțumit foarte civilizat celor care au cerut-o în căsătorie
Ella les dijo que todavía era demasiado joven para casarse.
ea le-a spus că era încă prea tânără pentru a se căsători
Ella quería quedarse unos años más con su padre.
a vrut să mai stea câțiva ani cu tatăl ei
De repente el comerciante perdió su fortuna.
Deodată negustorul și-a pierdut averea
Lo perdió todo excepto una pequeña casa de campo.
a pierdut totul în afară de o casă mică de țară
Y con lágrimas en los ojos les dijo a sus hijos:
și le-a spus copiilor săi cu lacrimi în ochi:
"Tenemos que ir al campo"
„Trebuie să mergem la țară"

"y debemos trabajar para vivir"
„și trebuie să muncim pentru existența noastră"
Las dos hijas mayores no querían abandonar el pueblo.
cele două fiice mai mari nu voiau să părăsească orașul
Tenían varios amantes en la ciudad.
au avut mai mulți îndrăgostiți în oraș
y estaban seguros de que uno de sus amantes se casaría con ellos
și erau siguri că unul dintre iubiții lor se va căsători cu ei
Pensaban que sus amantes se casarían con ellos incluso sin fortuna.
credeau că iubiții lor se vor căsători cu ei chiar și fără avere
Pero las buenas damas estaban equivocadas.
dar doamnele bune s-au înșelat
Sus amantes los abandonaron muy rápidamente
iubiții lor i-au abandonat foarte repede
porque ya no tenían fortuna
pentru că nu mai aveau averi
Esto demostró que en realidad no eran muy queridos.
acest lucru a arătat că nu erau de fapt foarte apreciați
Todos dijeron que no merecían compasión.
toată lumea a spus că nu merită să fie milă
"Nos alegra ver su orgullo humillado"
„Ne bucurăm să le vedem mândria umilită"
"Que se sientan orgullosos de ordeñar vacas"
„să fie mândri că mulg vacile"
Pero estaban preocupados por Bella.
dar erau preocupați de frumusețe
Ella era una criatura tan dulce
era o creatură atât de dulce
Ella hablaba tan amablemente a la gente pobre.
le-a vorbit atât de binevoitor oamenilor săraci
Y ella era de una naturaleza tan inocente.
și era de o natură atât de nevinovată
Varios caballeros se habrían casado con ella.
Mai mulți domni s-ar fi căsătorit cu ea

Se habrían casado con ella aunque fuera pobre
s-ar fi căsătorit cu ea chiar dacă era săracă
pero ella les dijo que no podía casarlos
dar ea le-a spus că nu se poate căsători cu ei
porque ella no dejaría a su padre
pentru că nu și-a părăsit tatăl
Ella estaba decidida a ir con él al campo.
era hotărâtă să meargă cu el la țară
para que ella pudiera consolarlo y ayudarlo
pentru ca ea să-l mângâie și să-l ajute
La pobre belleza estaba muy triste al principio.
Biata frumusețe a fost foarte mâhnită la început
Ella estaba afligida por la pérdida de su fortuna.
era îndurerată de pierderea averii
"Pero llorar no cambiará mi suerte"
„dar plânsul nu îmi va schimba averea"
"Debo intentar ser feliz sin riquezas"
„Trebuie să încerc să mă fac fericit fără bogăție"
Llegaron a su casa de campo
au venit la casa lor de la tara
y el comerciante y sus tres hijos se dedicaron a la agricultura
iar negustorul și cei trei fii ai săi s-au aplicat la exploatație
Bella se levantó a las cuatro de la mañana.
frumusețea s-a ridicat la patru dimineața
y se apresuró a limpiar la casa
iar ea s-a grăbit să curețe casa
y se aseguró de que la cena estuviera lista
și s-a asigurat că cina era gata
Al principio encontró su nueva vida muy difícil.
la început i s-a părut foarte dificilă noua ei viață
porque no estaba acostumbrada a ese tipo de trabajo
pentru că ea nu fusese obișnuită cu o astfel de muncă
Pero en menos de dos meses se hizo más fuerte.
dar în mai puțin de două luni a devenit mai puternică
Y ella estaba más sana que nunca.
și era mai sănătoasă decât oricând

Después de haber hecho su trabajo, leyó
după ce şi-a făcut treaba a citit
Ella tocaba el clavicémbalo
ea cânta la clavecin
o cantaba mientras hilaba seda
sau ea cânta în timp ce toarse mătase
Por el contrario, sus dos hermanas no sabían cómo pasar el tiempo.
dimpotrivă, cele două surori ale ei nu ştiau să-şi petreacă timpul
Se levantaron a las diez y no hicieron nada más que holgazanear todo el día.
s-au trezit la zece şi n-au făcut decât să lenevească toată ziua
Lamentaron la pérdida de sus hermosas ropas.
se plângeau de pierderea hainelor fine
y se quejaron de perder a sus conocidos
şi s-au plâns că şi-au pierdut cunoştinţele
"Mirad a nuestra hermana menor", se dijeron.
„Uitaţi-vă la sora noastră cea mai mică", şi-au spus unul altuia
"¡Qué criatura tan pobre y estúpida es!"
"Ce biata si proasta este ea"
"Es mezquino contentarse con tan poco"
"este rau sa te multumesti cu atat de putin"
El amable comerciante tenía una opinión muy diferente.
negustorul amabil era de o părere cu totul diferită
Él sabía muy bien que Bella eclipsaba a sus hermanas.
ştia foarte bine că frumuseţea le depăşeşte pe surorile ei
Ella los eclipsó tanto en carácter como en mente.
i-a eclipsat atât ca caracter, cât şi ca minte
Él admiraba su humildad y su arduo trabajo.
îi admira smerenia şi munca ei grea
Pero sobre todo admiraba su paciencia.
dar mai ales îi admira răbdarea
Sus hermanas le dejaron todo el trabajo por hacer.
surorile ei i-au lăsat toată munca de făcut
y la insultaban a cada momento

și o insultau în fiecare clipă
La familia había vivido así durante aproximadamente un año.
Familia trăia așa de aproximativ un an
Entonces el comerciante recibió una carta de un contable.
apoi comerciantul a primit o scrisoare de la un contabil
Tenía una inversión en un barco.
a avut o investiție într-o navă
y el barco había llegado sano y salvo
iar nava sosise cu bine
Esta noticia hizo que las dos hijas mayores se volvieran locas.
vestea lui a întors capetele celor două fiice mai mari
Inmediatamente tuvieron esperanzas de regresar a la ciudad.
au avut imediat speranțe să se întoarcă în oraș
Porque estaban bastante cansados de la vida en el campo.
pentru că erau destul de obosiți de viața la țară
Fueron a ver a su padre cuando él se iba.
s-au dus la tatăl lor când el pleca
Le rogaron que les comprara ropa nueva
l-au rugat să le cumpere haine noi
Vestidos, cintas y todo tipo de cositas.
rochii, panglici și tot felul de lucruri mărunte
Pero Bella no pedía nada.
dar frumusețea nu a cerut nimic
Porque pensó que el dinero no sería suficiente.
pentru că ea credea că banii nu vor fi suficienți
No habría suficiente para comprar todo lo que sus hermanas querían.
nu ar fi suficient să cumpere tot ce și-au dorit surorile ei
- ¿Qué te gustaría, Bella? -preguntó su padre.
— Ce ți-ar plăcea, frumusețe? întrebă tatăl ei
"Gracias, padre, por la bondad de pensar en mí", dijo.
„Îți mulțumesc, părinte, pentru bunătatea de a te gândi la mine", a spus ea
"Padre, ten la amabilidad de traerme una rosa"

„Tată, fii atât de amabil încât să-mi aduci un trandafir"
"Porque aquí en el jardín no crecen rosas"
"pentru ca nu cresc trandafiri aici in gradina"
"y las rosas son una especie de rareza"
„și trandafirii sunt un fel de raritate"
A Bella realmente no le importaban las rosas
frumuseții nu prea îi păsa de trandafiri
Ella solo pidió algo para no condenar a sus hermanas.
a cerut doar ceva pentru a nu-și condamna surorile
Pero sus hermanas pensaron que ella pidió rosas por otros motivos.
dar surorile ei credeau că a cerut trandafiri din alte motive
"Lo hizo sólo para parecer especial"
"Ea a făcut-o doar pentru a arăta special"
El hombre amable continuó su viaje.
Bărbatul bun a plecat în călătoria lui
pero cuando llego discutieron sobre la mercancia
dar când a sosit s-au certat despre marfă
Y después de muchos problemas volvió tan pobre como antes.
iar după multe necazuri s-a întors la fel de sărac ca înainte
Estaba a un par de horas de su propia casa.
se afla la câteva ore de propria sa casă
y ya imaginaba la alegría de ver a sus hijos
și își imagina deja bucuria de a-și vedea copiii
pero al pasar por el bosque se perdió
dar când trecea prin pădure s-a rătăcit
Llovió y nevó terriblemente
a plouat și a nins îngrozitor
El viento era tan fuerte que lo arrojó del caballo.
vântul era atât de puternic încât l-a aruncat de pe cal
Y la noche se acercaba rápidamente
iar noaptea venea repede
Empezó a pensar que podría morir de hambre.
a început să se gândească că ar putea muri de foame
y pensó que podría morir congelado

și s-a gândit că s-ar putea să înghețe până la moarte
y pensó que los lobos podrían comérselo
și a crezut că lupii îl pot mânca
Los lobos que oía aullar a su alrededor
lupii pe care i-a auzit urlând în jurul lui
Pero de repente vio una luz.
dar dintr-o dată văzu o lumină
Vio la luz a lo lejos entre los árboles.
a văzut lumina de la distanță printre copaci
Cuando se acercó vio que la luz era un palacio.
când s-a apropiat a văzut că lumina era un palat
El palacio estaba iluminado de arriba a abajo.
palatul era luminat de sus în jos
El comerciante agradeció a Dios por su suerte.
negustorul a mulțumit lui Dumnezeu pentru norocul său
y se apresuró a ir al palacio
iar el s-a grăbit la palat
Pero se sorprendió al no ver gente en el palacio.
dar a fost surprins să nu vadă oameni în palat
El patio estaba completamente vacío.
curtea curții era complet goală
y no había señales de vida en ninguna parte
și nu era niciun semn de viață nicăieri
Su caballo lo siguió hasta el palacio.
calul lui l-a urmat în palat
y luego su caballo encontró un gran establo
și atunci calul său a găsit un grajd mare
El pobre animal estaba casi muerto de hambre.
bietul animal era aproape înfometat
Entonces su caballo fue a buscar heno y avena.
așa că calul lui a intrat să găsească fân și ovăz
Afortunadamente encontró mucho para comer.
din fericire a găsit destule de mâncare
y el mercader ató su caballo al pesebre
iar negustorul și-a legat calul de iesle
Caminando hacia la casa no vio a nadie.

mergând spre casă, nu văzu pe nimeni
Pero en un gran salón encontró un buen fuego.
dar într-o sală mare a găsit un foc bun
y encontró una mesa puesta para uno
și a găsit o masă pusă pentru unul
Estaba mojado por la lluvia y la nieve.
era ud de ploaie și zăpadă
Entonces se acercó al fuego para secarse.
așa că s-a apropiat de foc să se usuce
"Espero que el dueño de la casa me disculpe"
„Sper că stăpânul casei mă va scuza"
"Supongo que no tardará mucho en aparecer alguien"
„Presupun că nu va dura mult până când cineva va apărea"
Esperó un tiempo considerable
A așteptat un timp considerabil
Esperó hasta que dieron las once y todavía no venía nadie.
a așteptat până a bătut unsprezece și tot nu a venit nimeni
Al final tenía tanta hambre que no podía esperar más.
în sfârșit îi era atât de foame încât nu mai putea aștepta
Tomó un poco de pollo y se lo comió en dos bocados.
a luat niște pui și l-a mâncat în două guri
Estaba temblando mientras comía la comida.
tremura în timp ce mânca mâncarea
Después de esto bebió unas copas de vino.
după aceasta a băut câteva pahare de vin
Cada vez más valiente, salió del salón.
din ce în ce mai curajos a ieșit din hol
y atravesó varios grandes salones
și a traversat mai multe săli mărețe
Caminó por el palacio hasta llegar a una cámara.
a mers prin palat până a intrat într-o încăpere
Una habitación que tenía una cama muy buena.
o cameră care avea un pat foarte bun în ea
Estaba muy fatigado por su terrible experiencia.
era foarte obosit de încercarea lui
Y ya era pasada la medianoche

iar ora trecuse deja de miezul nopții
Entonces decidió que era mejor cerrar la puerta.
așa că a decis că cel mai bine era să închidă ușa
y concluyó que debía irse a la cama
și a ajuns la concluzia că ar trebui să meargă la culcare
Eran las diez de la mañana cuando el comerciante se despertó.
Era zece dimineața când s-a trezit negustorul
Justo cuando iba a levantarse vio algo
tocmai când avea să se ridice a văzut ceva
Se sorprendió al ver un conjunto de ropa limpia.
a fost uimit să vadă un set de haine curate
En el lugar donde había dejado su ropa sucia.
în locul în care își lăsase hainele murdare
"Seguramente este palacio pertenece a algún tipo de hada"
„Cu siguranță acest palat aparține unei zâne amabile"
" Un hada que me ha visto y se ha compadecido de mí"
„ o zână care m-a văzut și s-a făcut milă"
Miró por una ventana
se uită printr-o fereastră
Pero en lugar de nieve vio el jardín más delicioso.
dar în loc de zăpadă a văzut cea mai încântătoare grădină
Y en el jardín estaban las rosas más hermosas.
iar în grădină erau cei mai frumoși trandafiri
Luego regresó al gran salón.
s-a întors apoi în sala mare
El salón donde había tomado sopa la noche anterior.
sala în care băuse supă cu o seară înainte
y encontró un poco de chocolate en una mesita
și a găsit niște ciocolată pe o măsuță
"Gracias, buena señora hada", dijo en voz alta.
— Mulțumesc, bună doamnă Zână, spuse el cu voce tare
"Gracias por ser tan cariñoso"
„Îți mulțumesc că ai fost atât de grijuliu"
"Le estoy sumamente agradecido por todos sus favores"
„Vă sunt extrem de recunoscător pentru toate favorurile"

El hombre amable bebió su chocolate.
bărbatul bun și-a băut ciocolata
y luego fue a buscar su caballo
și apoi s-a dus să-și caute calul
Pero en el jardín recordó la petición de Bella.
dar în grădină își aminti de cererea frumuseții
y cortó una rama de rosas
și a tăiat o ramură de trandafiri
Inmediatamente oyó un gran ruido
imediat a auzit un zgomot mare
y vio una bestia terriblemente espantosa
și a văzut o fiară îngrozitor de înfricoșătoare
Estaba tan asustado que estaba a punto de desmayarse.
era atât de speriat încât era gata să leșine
-Eres muy desagradecido -le dijo la bestia.
„Ești foarte nerecunoscător", i-a spus fiara
Y la bestia habló con voz terrible
iar fiara a vorbit cu o voce groaznică
"Te he salvado la vida al permitirte entrar en mi castillo"
„Ți-am salvat viața dându-ți voie să intri în castelul meu"
"¿Y a cambio me robas mis rosas?"
„și pentru asta îmi furi trandafirii în schimb?"
"Las rosas que valoro más que nada"
„Trandafirii pe care îi prețuiesc dincolo de orice"
"Pero morirás por lo que has hecho"
"dar vei muri pentru ceea ce ai facut"
"Sólo te doy un cuarto de hora para que te prepares"
„Îți dau doar un sfert de oră să te pregătești"
"Prepárate para la muerte y di tus oraciones"
„Pregătește-te pentru moarte și spune-ți rugăciunile"
El comerciante cayó de rodillas
negustorul a căzut în genunchi
y alzó ambas manos
și și-a ridicat ambele mâini
"Mi señor, le ruego que me perdone"
„Domnul meu, vă implor să mă iertați"

"No tuve intención de ofenderte"
„Nu am avut de gând să te jignesc"
"Recogí una rosa para una de mis hijas"
„Am adunat un trandafir pentru una dintre fiicele mele"
"Ella me pidió que le trajera una rosa"
„Mi-a cerut să-i aduc un trandafir"
-No soy tu señor, pero soy una bestia -respondió el monstruo.
„Nu sunt stăpânul tău, dar sunt o fiară", a răspuns monstrul
"No me gustan los cumplidos"
„Nu-mi plac complimentele"
"Me gusta la gente que habla como piensa"
„Îmi plac oamenii care vorbesc așa cum gândesc"
"No creas que me puedo conmover con halagos"
„Nu vă imaginați că pot fi mișcat de lingușire"
"Pero dices que tienes hijas"
„Dar spui că ai fete"
"Te perdonaré con una condición"
„Te voi ierta cu o condiție"
"Una de tus hijas debe venir voluntariamente a mi palacio"
„una dintre fiicele tale trebuie să vină de bunăvoie la palatul meu"
"y ella debe sufrir por ti"
„și ea trebuie să sufere pentru tine"
"Déjame tener tu palabra"
"Lasa-ma sa iti am cuvantul"
"Y luego podrás continuar con tus asuntos"
„și apoi poți să-ți faci treaba"
"Prométeme esto:"
"Promite-mi asta:"
"Si tu hija se niega a morir por ti, deberás regresar dentro de tres meses"
„Dacă fiica ta refuză să moară pentru tine, trebuie să te întorci în trei luni"
El comerciante no tenía intenciones de sacrificar a sus hijas.
negustorul nu avea nicio intenție să-și sacrifice fiicele

Pero, como le habían dado tiempo, quiso volver a ver a sus hijas.
dar, din moment ce i s-a dat timp, a vrut să-şi vadă fiicele încă o dată
Así que prometió que volvería.
aşa că a promis că se va întoarce
Y la bestia le dijo que podía partir cuando quisiera.
iar fiara i-a spus că poate pleca când va voi
y la bestia le dijo una cosa más
iar fiara i-a mai spus un lucru
"No te irás con las manos vacías"
„Să nu pleci cu mâinile goale"
"Vuelve a la habitación donde yacías"
„Întoarce-te în camera în care te-ai întins"
"Verás un gran cofre del tesoro vacío"
„Veţi vedea un cufăr mare de comori gol"
"Llena el cofre del tesoro con lo que más te guste"
„Umpleţi cufărul cu comori cu tot ce vă place mai mult"
"y enviaré el cofre del tesoro a tu casa"
„şi voi trimite cufărul cu comori la tine acasă"
Y al mismo tiempo la bestia se retiró.
şi în acelaşi timp fiara s-a retras
"Bueno", se dijo el buen hombre.
„Ei bine", a spus omul bun pentru sine
"Si tengo que morir, al menos dejaré algo a mis hijos"
„Dacă trebuie să mor, măcar voi lăsa ceva copiilor mei"
Así que regresó al dormitorio.
aşa că s-a întors în dormitor
y encontró una gran cantidad de piezas de oro
şi a găsit o mulţime de piese de aur
Llenó el cofre del tesoro que la bestia había mencionado.
a umplut cufărul cu comori despre care pomenise fiara
y sacó su caballo del establo
şi şi-a scos calul din grajd
La alegría que sintió al entrar al palacio ahora era igual al dolor que sintió al salir de él.

bucuria pe care o simțea la intrarea în palat era acum egală cu
durerea pe care o simțea la ieșirea din el
El caballo tomó uno de los caminos del bosque.
calul a luat unul din drumurile pădurii
Y en pocas horas el buen hombre estaba en casa.
iar în câteva ore omul bun era acasă
Sus hijos vinieron a él
copiii lui au venit la el
Pero en lugar de recibir sus abrazos con placer, los miró.
dar în loc să le primească cu plăcere îmbrățișările, se uită la ei
Levantó la rama que tenía en sus manos.
ridică creanga pe care o avea în mâini
y luego estalló en lágrimas
apoi a izbucnit în lacrimi
"Belleza", dijo, "por favor toma estas rosas".
„Frumusețe", a spus el, „te rog să ia acești trandafiri"
"No puedes saber lo costosas que han sido estas rosas"
„Nu poți ști cât de scumpi au fost trandafirii ăștia"
"Estas rosas le han costado la vida a tu padre"
„Acești trandafiri l-au costat viața pe tatăl tău"
Y luego contó su fatal aventura.
iar apoi a povestit despre aventura lui fatală
Inmediatamente las dos hermanas mayores gritaron.
imediat cele două surori mai mari au strigat
y le dijeron muchas cosas malas a su hermosa hermana
și i-au spus multe lucruri rele frumoaselor lor surori
Pero Bella no lloró en absoluto.
dar frumusețea nu plângea deloc
"Mirad el orgullo de ese pequeño desgraciado", dijeron.
„Uită-te la mândria acelui nenorocit", au spus ei
"ella no pidió ropa fina"
"nu a cerut haine frumoase"
"Ella debería haber hecho lo que hicimos"
„Ar fi trebuit să facă ceea ce am făcut noi"
"ella quería distinguirse"
„a vrut să se distingă"

"Así que ahora ella será la muerte de nuestro padre"
„Deci acum ea va fi moartea tatălui nostru"
"Y aún así no derrama ni una lágrima"
„şi totuşi nu varsă o lacrimă"
"¿Por qué debería llorar?" respondió Bella
„De ce să plâng?" răspunse frumuseţea
"Llorar sería muy innecesario"
„Plânsul ar fi foarte inutil"
"mi padre no sufrirá por mí"
„Tatăl meu nu va suferi pentru mine"
"El monstruo aceptará a una de sus hijas"
„monstrul va accepta una dintre fiicele lui"
"Me ofreceré a toda su furia"
„Mă voi oferi toată furia lui"
"Estoy muy feliz, porque mi muerte salvará la vida de mi padre"
„Sunt foarte fericit, pentru că moartea mea va salva viaţa tatălui meu"
"mi muerte será una prueba de mi amor"
„Moartea mea va fi o dovadă a iubirii mele"
-No, hermana -dijeron sus tres hermanos.
„Nu, soră", au spus cei trei fraţi ai ei
"Eso no será"
"asta nu va fi"
"Iremos a buscar al monstruo"
„Vom merge să găsim monstrul"
"y o lo matamos..."
"şi fie îl vom ucide..."
"...o pereceremos en el intento"
„... sau vom pieri în încercare"
"No imaginéis tal cosa, hijos míos", dijo el mercader.
„Nu vă imaginaţi aşa ceva, fiii mei", a spus negustorul
"El poder de la bestia es tan grande que no tengo esperanzas de que puedas vencerlo"
„puterea fiarei este atât de mare încât nu am nicio speranţă că o poţi birui"

"Estoy encantado con la amable y generosa oferta de Bella"
„Sunt fermecat de oferta bună și generoasă a frumuseții"
"pero no puedo aceptar su generosidad"
"dar nu pot accepta generozitatea ei"
"Soy viejo y no me queda mucho tiempo de vida"
„Sunt bătrân și nu mai am mult de trăit"
"Así que sólo puedo perder unos pocos años"
„deci nu pot pierde decât câțiva ani"
"Tiempo que lamento por vosotros, mis queridos hijos"
„Timp pe care îl regret pentru voi, dragii mei copii"
"Pero padre", dijo Bella
— Dar tată, spuse frumusețea
"No irás al palacio sin mí"
„Nu vei merge la palat fără mine"
"No puedes impedir que te siga"
„Nu mă poți opri să te urmăresc"
Nada podría convencer a Bella de lo contrario.
nimic nu ar putea convinge frumusetea altfel
Ella insistió en ir al bello palacio.
a insistat să meargă la frumosul palat
y sus hermanas estaban encantadas con su insistencia
iar surorile ei erau încântate de insistența ei
El comerciante estaba preocupado ante la idea de perder a su hija.
Negustorul era îngrijorat la gândul că-și va pierde fiica
Estaba tan preocupado que se había olvidado del cofre lleno de oro.
era atât de îngrijorat încât uitase de cufărul plin cu aur
Por la noche se retiró a descansar y cerró la puerta de su habitación.
noaptea s-a retras să se odihnească și și-a închis ușa camerei
Entonces, para su gran asombro, encontró el tesoro junto a su cama.
apoi, spre marea lui uimire, a găsit comoara lângă patul lui
Estaba decidido a no contárselo a sus hijos.
era hotărât să nu le spună copiilor săi

Si lo supieran, hubieran querido regresar al pueblo.
dacă ar fi știut, ar fi vrut să se întoarcă în oraș
y estaba decidido a no abandonar el campo
și era hotărât să nu părăsească țara
Pero él confió a Bella el secreto.
dar a încrezut frumuseții cu secretul
Ella le informó que dos caballeros habían llegado.
ea l-a informat că au venit doi domni
y le hicieron propuestas a sus hermanas
și le-au făcut propuneri surorilor ei
Ella le rogó a su padre que consintiera su matrimonio.
ea l-a implorat pe tatăl ei să consimtă la căsătoria lor
y ella le pidió que les diera algo de su fortuna
iar ea i-a cerut să le dea o parte din averea lui
Ella ya los había perdonado.
ea îi iertase deja
Las malvadas criaturas se frotaron los ojos con cebollas.
făpturile rele și-au frecat ochii cu ceapă
Para forzar algunas lágrimas cuando se separaron de su hermana.
să forțeze niște lacrimi când s-au despărțit de sora lor
Pero sus hermanos realmente estaban preocupados.
dar frații ei chiar erau îngrijorați
Bella fue la única que no derramó ninguna lágrima.
frumusețea a fost singura care nu a vărsat nicio lacrimă
Ella no quería aumentar su malestar.
ea nu voia să le sporească neliniștea
El caballo tomó el camino directo al palacio.
calul a luat drumul direct către palat
y hacia la tarde vieron el palacio iluminado
iar spre seară au văzut palatul luminat
El caballo volvió a entrar solo en el establo.
calul s-a luat din nou în grajd
Y el buen hombre y su hija entraron en el gran salón.
iar omul bun și fiica lui au intrat în sala cea mare
Aquí encontraron una mesa espléndidamente servida.

aici au găsit o masă splendid servită
El comerciante no tenía apetito para comer
negustorul nu avea poftă de mâncare
Pero Bella se esforzó por parecer alegre.
dar frumusețea se străduia să pară veselă
Ella se sentó a la mesa y ayudó a su padre.
s-a așezat la masă și și-a ajutat tatăl
Pero también pensó para sí misma:
dar și ea se gândea:
"La bestia seguramente quiere engordarme antes de comerme"
„Fiara sigur vrea să mă îngrașă înainte să mă mănânce"
"Por eso ofrece tanto entretenimiento"
„de aceea oferă atât de mult divertisment"
Después de haber comido oyeron un gran ruido.
după ce au mâncat au auzit un zgomot mare
Y el comerciante se despidió de su desdichado hijo con lágrimas en los ojos.
iar negustorul și-a luat rămas bun de nefericitul său copil, cu lacrimi în ochi
Porque sabía que la bestia venía
pentru că știa că va veni fiara
Bella estaba aterrorizada por su horrible forma.
frumusețea era îngrozită de forma lui oribilă
Pero ella tomó coraje lo mejor que pudo.
dar ea a prins curaj cât a putut de bine
Y el monstruo le preguntó si venía voluntariamente.
iar monstrul a întrebat-o dacă a venit de bunăvoie
-Sí, he venido voluntariamente -dijo temblando.
— da, am venit de bună voie, spuse ea tremurând
La bestia respondió: "Eres muy bueno"
fiara a răspuns: „Ești foarte bun"
"Y te lo agradezco mucho, hombre honesto"
"și vă sunt foarte recunoscător; om cinstit"
"Continuad vuestro camino mañana por la mañana"
"du-te drumul tau maine dimineata"

"Pero nunca pienses en venir aquí otra vez"
„dar să nu te gândești să mai vin aici"
"Adiós bella, adiós bestia", respondió.
„Adio frumusețe, adio fiară", a răspuns el
Y de inmediato el monstruo se retiró.
și imediat monstrul s-a retras
"Oh, hija", dijo el comerciante.
— O, fiică, spuse negustorul
y abrazó a su hija una vez más
și și-a îmbrățișat fiica încă o dată
"Estoy casi muerto de miedo"
„Aproape sunt speriat de moarte"
"Créeme, será mejor que regreses"
"Crede-ma, ar fi bine sa te intorci"
"déjame quedarme aquí, en tu lugar"
"Lasa-ma sa stau aici, in loc de tine"
—No, padre —dijo Bella con tono decidido.
— Nu, tată, spuse frumusețea, pe un ton hotărât
"Partirás mañana por la mañana"
„Vei pleca mâine dimineață"
"déjame al cuidado y protección de la providencia"
„Lasă-mă în grija și protecția providenței"
Aún así se fueron a la cama
cu toate acestea s-au dus la culcare
Pensaron que no cerrarían los ojos en toda la noche.
credeau că nu vor închide ochii toată noaptea
pero justo cuando se acostaron se durmieron
dar tocmai când s-au întins, au adormit
Bella soñó que una bella dama se acercó y le dijo:
Frumusețea a visat că a venit o doamnă bună și i-a spus:
"Estoy contento, bella, con tu buena voluntad"
„Sunt mulțumit, frumusețe, cu bunăvoința ta"
"Esta buena acción tuya no quedará sin recompensa"
„Această acțiune bună a ta nu va rămâne nerăsplătită"
Bella se despertó y le contó a su padre su sueño.
frumusețea s-a trezit și i-a spus tatălui ei visul

El sueño ayudó a consolarlo un poco.
visul a ajutat să-l consoleze puțin
Pero no pudo evitar llorar amargamente mientras se marchaba.
dar nu se putea abține să plângă amar în timp ce pleca
Tan pronto como se fue, Bella se sentó en el gran salón y lloró también.
de îndată ce a plecat, frumusețea s-a așezat în sala mare și a plâns și ea
Pero ella decidió no sentirse inquieta.
dar ea s-a hotărât să nu fie neliniștită
Ella decidió ser fuerte por el poco tiempo que le quedaba de vida.
a hotărât să fie puternică pentru puținul timp care-i mai rămânea de trăit
Porque creía firmemente que la bestia la comería.
pentru că credea ferm că fiara o va mânca
Sin embargo, pensó que también podría explorar el palacio.
totuși, se gândi că ar putea la fel de bine să exploreze palatul
y ella quería ver el hermoso castillo
și a vrut să vadă frumosul castel
Un castillo que no pudo evitar admirar.
un castel pe care nu se putea abține să-l admire
Era un palacio deliciosamente agradable.
era un palat încântător de plăcut
y ella se sorprendió muchísimo al ver una puerta
și a fost extrem de surprinsă văzând o ușă
Y sobre la puerta estaba escrito que era su habitación.
iar peste ușă era scris că era camera ei
Ella abrió la puerta apresuradamente
ea deschise ușa în grabă
y ella quedó completamente deslumbrada con la magnificencia de la habitación.
și era destul de uluită de măreția camerei
Lo que más le llamó la atención fue una gran biblioteca.
ceea ce i-a atras în principal atenția a fost o bibliotecă mare

Un clavicémbalo y varios libros de música.
un clavecin și mai multe cărți de muzică
"Bueno", se dijo a sí misma.
„Ei bine", a spus ea pentru sine
"Veo que la bestia no dejará que mi tiempo cuelgue pesadamente"
„Văd că fiara nu-mi va lăsa timpul să atârne greu"
Entonces reflexionó sobre su situación.
apoi s-a gândit în sinea ei despre situația ei
"Si me hubiera quedado un día, todo esto no estaría aquí"
„Dacă ar fi fost menită să stau o zi, toate acestea nu ar fi aici"
Esta consideración le inspiró nuevo coraje.
această considerație i-a inspirat un curaj proaspăt
y tomó un libro de su nueva biblioteca
și a luat o carte din noua ei bibliotecă
y leyó estas palabras en letras doradas:
iar ea a citit aceste cuvinte cu litere aurii:
"Bienvenida Bella, destierra el miedo"
„Bine ai venit frumusețea, alungă frica"
"Eres reina y señora aquí"
„Ești regină și amantă aici"
"Di tus deseos, di tu voluntad"
„Spune-ți dorințele, spune-ți voința"
"Aquí la obediencia rápida cumple tus deseos"
„Supunerea rapidă îndeplinește dorințele tale aici"
"¡Ay!", dijo ella con un suspiro.
— Vai, spuse ea oftând
"Lo que más deseo es ver a mi pobre padre"
„Mai mult îmi doresc să-mi văd bietul tată"
"y me gustaría saber qué está haciendo"
„și aș vrea să știu ce face"
Tan pronto como dijo esto se dio cuenta del espejo.
De îndată ce spuse asta, observă oglinda
Para su gran asombro, vio su propia casa en el espejo.
spre marea ei uimire și-a văzut propria casă în oglindă
Su padre llegó emocionalmente agotado.

tatăl ei a sosit epuizat emoțional
Sus hermanas fueron a recibirlo
surorile ei au mers să-l întâmpine
A pesar de sus intentos de parecer tristes, su alegría era visible.
în ciuda încercărilor lor de a părea întristat, bucuria lor era vizibilă
Un momento después todo desapareció
o clipă mai târziu totul a dispărut
Y las aprensiones de Bella también desaparecieron.
iar temerile frumuseții au dispărut și ele
porque sabía que podía confiar en la bestia
pentru că știa că poate avea încredere în fiară
Al mediodía encontró la cena lista.
La amiază a găsit cina pregătită
Ella se sentó a la mesa
se așeză la masă
y se entretuvo con un concierto de música
și a fost distrată cu un concert de muzică
Aunque no podía ver a nadie
deși nu putea vedea pe nimeni
Por la noche se sentó a cenar otra vez
noaptea s-a așezat din nou la cină
Esta vez escuchó el ruido que hizo la bestia.
de data aceasta auzi zgomotul pe care îl făcea fiara
y ella no pudo evitar estar aterrorizada
iar ea nu se putea abține să fie îngrozită
"belleza", dijo el monstruo
„Frumusețe", a spus monstrul
"¿Me permites comer contigo?"
„Îmi dai voie să mănânc cu tine?"
"Haz lo que quieras", respondió Bella temblando.
„Fă cum vrei", a răspuns frumusețea tremurând
"No", respondió la bestia.
— Nu, răspunse fiara
"Sólo tú eres la señora aquí"

"Singura tu esti amanta aici"
"Puedes despedirme si soy problemático"
„Poţi să mă trimiţi dacă sunt supărător"
"Despídeme y me retiraré inmediatamente"
"Trimite-ma si ma voi retrage imediat"
-Pero dime, ¿no te parece que soy muy fea?
"Dar, spune-mi; nu crezi că sunt foarte urâtă?"
"Eso es verdad", dijo Bella.
„Asta este adevărat", a spus frumuseţea
"No puedo decir una mentira"
„Nu pot să spun o minciună"
"Pero creo que tienes muy buen carácter"
"dar cred ca esti foarte bun"
"Sí, lo soy", dijo el monstruo.
— Chiar sunt, spuse monstrul
"Pero aparte de mi fealdad, tampoco tengo sentido"
„Dar în afară de urâţenia mea, nu am nici un sens"
"Sé muy bien que soy una criatura tonta"
„Ştiu foarte bine că sunt o creatură proastă"
—No es ninguna locura pensar así —replicó Bella.
„Nu este un semn de prostie să crezi aşa", a răspuns frumuseţea
"Come entonces, bella", dijo el monstruo.
— Mănâncă atunci, frumuseţe, spuse monstrul
"Intenta divertirte en tu palacio"
„Încearcă să te distrezi în palatul tău"
"Todo aquí es tuyo"
„Totul aici este al tău"
"Y me sentiría muy incómodo si no fueras feliz"
„şi aş fi foarte neliniştit dacă nu ai fi fericit"
-Eres muy servicial -respondió Bella.
— Eşti foarte amabil, răspunse frumuseţea
"Admito que estoy complacido con su amabilidad"
„Recunosc că sunt mulţumit de bunătatea ta"
"Y cuando considero tu bondad, apenas noto tus deformidades"

„și când mă gândesc la bunătatea ta, cu greu observ deformările tale"
"Sí, sí", dijo la bestia, "mi corazón es bueno".
„Da, da", a spus fiara, „inima mea este bună
"Pero aunque soy bueno, sigo siendo un monstruo"
„dar, deși sunt bun, tot sunt un monstru"
"Hay muchos hombres que merecen ese nombre más que tú"
„Sunt mulți bărbați care merită acest nume mai mult decât tine"
"Y te prefiero tal como eres"
„și te prefer așa cum ești"
"y te prefiero más que a aquellos que esconden un corazón ingrato"
„și te prefer pe tine mai mult decât pe cei care ascund o inimă nerecunoscătoare"
"Si tuviera algo de sentido común", respondió la bestia.
„Dacă aș avea oarecare simț", a răspuns fiara
"Si tuviera sentido común, te haría un buen cumplido para agradecerte"
„Dacă aș avea sens, aș face un compliment frumos ca să-ți mulțumesc"
"Pero soy tan aburrida"
„dar sunt atât de plictisitor"
"Sólo puedo decir que le estoy muy agradecido"
„Pot doar să spun că vă sunt foarte recunoscător"
Bella comió una cena abundante
frumusețea a mâncat o cină copioasă
y ella casi había superado su miedo al monstruo
și aproape că își învinsese teama față de monstru
Pero ella quería desmayarse cuando la bestia le hizo la siguiente pregunta.
dar a vrut să leșine când fiara i-a pus următoarea întrebare
"Belleza, ¿quieres ser mi esposa?"
"frumusețe, vei fi soția mea?"
Ella tardó un tiempo antes de poder responder.
a luat ceva timp până să poată răspunde

Porque tenía miedo de hacerlo enojar
pentru că îi era frică să nu-l înfurie
Al final, sin embargo, dijo: "No, bestia".
în cele din urmă, însă, ea a spus „nu, fiară"
Inmediatamente el pobre monstruo silbó muy espantosamente.
imediat bietul monstru şuieră foarte înspăimântător
y todo el palacio hizo eco
iar tot palatul răsună
Pero Bella pronto se recuperó de su susto.
dar frumuseţea şi-a revenit curând din spaima ei
porque la bestia volvió a hablar con voz triste
pentru că fiara a vorbit din nou cu un glas jalnic
"Entonces adiós, belleza"
„Atunci la revedere, frumuseţe"
y sólo se volvía de vez en cuando
şi se întorcea doar din când în când
mirarla mientras salía
să se uite la ea când ieşea
Ahora Bella estaba sola otra vez
acum frumuseţea era din nou singură
Ella sintió mucha compasión
a simţit o mare compasiune
"Ay, es una lástima"
"Vai, sunt o mie de mila"
"algo tan bueno no debería ser tan feo"
„Orice lucru atât de bun nu ar trebui să fie atât de urât"
Bella pasó tres meses muy contenta en palacio.
frumuseţea a petrecut trei luni foarte mulţumită în palat
Todas las noches la bestia le hacía una visita.
în fiecare seară fiara îi făcea o vizită
y hablaron durante la cena
şi au vorbit în timpul cinei
Hablaban con sentido común
vorbeau cu bun simţ
Pero no hablaban con lo que la gente llama ingenio.

dar nu vorbeau cu ceea ce oamenii numesc duh
Bella siempre descubre algún carácter valioso en la bestia.
frumusețea a descoperit întotdeauna un caracter valoros în fiară
y ella se había acostumbrado a su deformidad
iar ea se obișnuise cu diformitatea lui
Ella ya no temía el momento de su visita.
nu se mai temea de momentul vizitei lui
Ahora a menudo miraba su reloj.
acum se uita adesea la ceas
y ella no podía esperar a que fueran las nueve en punto
și abia aștepta să fie ora nouă
Porque la bestia nunca dejaba de venir a esa hora
pentru că fiara nu rata niciodată să vină la acea oră
Sólo había una cosa que preocupaba a Bella.
era un singur lucru care privea frumusețea
Todas las noches antes de irse a dormir la bestia le hacía la misma pregunta.
în fiecare seară înainte de a merge la culcare, fiara îi punea aceeași întrebare
El monstruo le preguntó si sería su esposa.
monstrul a întrebat-o dacă va fi soția lui
Un día ella le dijo: "bestia, me pones muy nerviosa"
într-o zi ea i-a spus: „fiară, mă faci foarte neliniștit"
"Me gustaría poder consentir en casarme contigo"
„Mi-aș dori să fiu de acord să mă căsătoresc cu tine"
"Pero soy demasiado sincero para hacerte creer que me casaría contigo"
„dar sunt prea sincer să te fac să crezi că mă voi căsători cu tine"
"nuestro matrimonio nunca se realizará"
„căsătoria noastră nu se va întâmpla niciodată"
"Siempre te veré como un amigo"
„Te voi vedea mereu ca pe un prieten"
"Por favor, trate de estar satisfecho con esto"
„Te rog, încearcă să fii mulțumit de asta"

"Debo estar satisfecho con esto", dijo la bestia.
— Trebuie să fiu mulțumit de asta, spuse fiara
"Conozco mi propia desgracia"
„Îmi cunosc propria nenorocire"
"pero te amo con el más tierno cariño"
"dar te iubesc cu cea mai tandra afectiune"
"Sin embargo, debo considerarme feliz"
„Totuși, ar trebui să mă consider fericit"
"Y me alegraría que te quedaras aquí"
"și ar trebui să fiu fericit că vei rămâne aici"
"Prométeme que nunca me dejarás"
„Promite-mi să nu mă părăsești niciodată"
Bella se sonrojó ante estas palabras.
frumusețea se înroși la aceste cuvinte
Un día Bella se estaba mirando en el espejo.
într-o zi frumusețea se uita în oglinda ei
Su padre se había preocupado muchísimo por ella.
tatăl ei se îngrijorase bolnav pentru ea
Ella anhelaba verlo de nuevo más que nunca.
tânjea să-l revadă mai mult ca niciodată
"Podría prometerte que nunca te abandonaré por completo"
„Aș putea promite că nu te voi părăsi niciodată în întregime"
"Pero tengo un deseo tan grande de ver a mi padre"
„dar am o dorință atât de mare să-mi văd tatăl"
"Me molestaría muchísimo si dijeras que no"
„Aș fi incredibil de supărat dacă ai spune nu"
"Preferiría morir yo mismo", dijo el monstruo.
„Aș prefera să mor eu însumi", a spus monstrul
"Prefiero morir antes que hacerte sentir incómodo"
„Aș prefera să mor decât să te fac să te simți neliniștit"
"Te enviaré con tu padre"
„Te voi trimite la tatăl tău"
"permanecerás con él"
"vei ramane cu el"
"y esta desafortunada bestia morirá de pena en su lugar"
„și această fiară nefericită va muri de durere în schimb"

"No", dijo Bella, llorando.
— Nu, spuse frumuseţea, plângând
"Te amo demasiado para ser la causa de tu muerte"
„Te iubesc prea mult pentru a fi cauza morţii tale"
"Te doy mi promesa de regresar en una semana"
„Îți promit că mă voi întoarce într-o săptămână"
"Me has demostrado que mis hermanas están casadas"
„Mi-aţi arătat că surorile mele sunt căsătorite"
"y mis hermanos se han ido al ejército"
„şi fraţii mei au plecat la armată"
"déjame quedarme una semana con mi padre, ya que está solo"
"Lasa-ma sa stau o saptamana cu tata, ca el este singur"
"Estarás allí mañana por la mañana", dijo la bestia.
— Vei fi acolo mâine dimineaţă, spuse fiara
"pero recuerda tu promesa"
"dar aminteste-ti promisiunea"
"Solo tienes que dejar tu anillo sobre una mesa antes de irte a dormir"
„Trebuie să-ţi aşezi inelul pe o masă înainte de a te culca"
"Y luego serás traído de regreso antes de la mañana"
„şi apoi vei fi adus înapoi înainte de dimineaţă"
"Adiós querida belleza", suspiró la bestia.
— Adio dragă frumuseţe, oftă fiara
Bella se fue a la cama muy triste esa noche.
frumuseţea s-a culcat foarte trist în noaptea aceea
Porque no quería ver a la bestia tan preocupada.
pentru că nu voia să vadă fiara atât de îngrijorată
A la mañana siguiente se encontró en la casa de su padre.
a doua zi dimineaţă se trezi acasă la tatăl ei
Ella hizo sonar una campanita junto a su cama.
a sunat un mic clopoţel lângă patul ei
y la criada dio un grito fuerte
iar servitoarea scoase un ţipăt puternic
y su padre corrió escaleras arriba
iar tatăl ei a alergat sus

Él pensó que iba a morir de alegría.
credea că va muri de bucurie
La sostuvo en sus brazos durante un cuarto de hora.
a ținut-o în brațe un sfert de oră
Finalmente los primeros saludos terminaron.
în cele din urmă primele salutări s-au terminat
Bella empezó a pensar en levantarse de la cama.
frumusețea a început să se gândească să se ridice din pat
pero se dio cuenta de que no había traído ropa
dar își dădu seama că nu adusese haine
pero la criada le dijo que había encontrado una caja
dar servitoarea i-a spus că a găsit o cutie
El gran baúl estaba lleno de vestidos y batas.
portbagajul mare era plin de rochii și rochii
Cada vestido estaba cubierto de oro y diamantes.
fiecare rochie era acoperită cu aur și diamante
Bella agradeció a la Bestia por su amable atención.
frumusețea a mulțumit fiarei pentru grija lui amabilă
y tomó uno de los vestidos más sencillos
iar ea a luat una dintre cele mai simple dintre rochii
Ella tenía la intención de regalar los otros vestidos a sus hermanas.
intenționa să le dea surorilor ei celelalte rochii
Pero ante ese pensamiento el arcón de ropa desapareció.
dar la acel gând, pieptul de haine a dispărut
La bestia había insistido en que la ropa era solo para ella.
Bestia insistase că hainele erau doar pentru ea
Su padre le dijo que ese era el caso.
tatăl ei i-a spus că acesta este cazul
Y enseguida volvió el baúl de la ropa.
și imediat cufărul de haine s-a întors din nou
Bella se vistió con su ropa nueva
frumusețea s-a îmbrăcat cu hainele ei noi
Y mientras tanto las doncellas fueron a buscar a sus hermanas.
iar între timp slujnicele s-au dus să-i găsească surorile

Ambas hermanas estaban con sus maridos.
amândoi sora ei erau cu soții lor
Pero sus dos hermanas estaban muy infelices.
dar ambele surori erau foarte nefericite
Su hermana mayor se había casado con un caballero muy guapo.
sora ei mai mare se măritase cu un domn foarte frumos
Pero estaba tan enamorado de sí mismo que descuidó a su esposa.
dar era atât de îndrăgostit de sine, încât și-a neglijat soția
Su segunda hermana se había casado con un hombre ingenioso.
a doua ei soră se căsătorise cu un bărbat plin de duh
Pero usó su ingenio para atormentar a la gente.
dar și-a folosit mărturia pentru a chinui oamenii
Y atormentaba a su esposa sobre todo.
și și-a chinuit mai ales soția
Las hermanas de Bella la vieron vestida como una princesa
surorile frumuseții au văzut-o îmbrăcată ca o prințesă
y se enfermaron de envidia
și s-au îmbolnăvit de invidie
Ahora estaba más bella que nunca
acum era mai frumoasă ca niciodată
Su comportamiento cariñoso no pudo sofocar sus celos.
comportamentul ei afectuos nu le putea înăbuși gelozia
Ella les contó lo feliz que estaba con la bestia.
le-a spus cât de fericită era cu fiara
y sus celos estaban a punto de estallar
iar gelozia lor era gata să izbucnească
Bajaron al jardín a llorar su desgracia.
Au coborât în grădină să plângă de nenorocirea lor
"¿En qué sentido esta pequeña criatura es mejor que nosotros?"
„În ce fel este această creatură mai bună decât noi?"
"¿Por qué debería estar mucho más feliz?"
— De ce ar trebui să fie atât de fericită?

"Hermana", dijo la hermana mayor.
— Soră, spuse sora mai mare
"Un pensamiento acaba de golpear mi mente"
„un gând tocmai mi-a lovit mintea"
"Intentemos mantenerla aquí más de una semana"
„Hai să încercăm să o ținem aici mai mult de o săptămână"
"Quizás esto enfurezca al tonto monstruo"
„Poate că asta îl va înfuria pe monstrul prost"
"porque ella hubiera faltado a su palabra"
„pentru că și-ar fi încălcat cuvântul"
"y entonces podría devorarla"
„și atunci s-ar putea să o devoreze"
"Esa es una gran idea", respondió la otra hermana.
„Este o idee grozavă", a răspuns cealaltă soră
"Debemos mostrarle la mayor amabilidad posible"
„trebuie să-i arătăm cât mai multă bunătate"
Las hermanas tomaron esta resolución
surorile au făcut aceasta rezoluție
y se comportaron con mucho cariño con su hermana
și s-au purtat foarte afectuos față de sora lor
La pobre belleza lloró de alegría por toda su bondad.
biata frumusețe a plâns de bucurie din toată bunătatea lor
Cuando la semana se cumplió, lloraron y se arrancaron el pelo.
când a expirat săptămâna, au plâns și și-au rupt părul
Parecían muy apenados por separarse de ella.
păreau atât de rău să se despartă de ea
y Bella prometió quedarse una semana más
iar frumusețea a promis că va mai rămâne o săptămână
Mientras tanto, Bella no pudo evitar reflexionar sobre sí misma.
Între timp, frumusețea nu s-a putut abține să se gândească la ea însăși
Ella se preocupaba por lo que le estaba haciendo a la pobre bestia.
se îngrijora ce îi făcea sărmanei fiare

Ella sabía que lo amaba sinceramente.
ea știe că l-a iubit sincer
Y ella realmente anhelaba verlo otra vez.
și își dorea foarte mult să-l revadă
La décima noche también la pasó en casa de su padre.
a zecea noapte pe care a petrecut-o și la tatăl ei
Ella soñó que estaba en el jardín del palacio.
a visat că se află în grădina palatului
y soñó que veía a la bestia extendida sobre la hierba
și a visat că vede fiara întinsă pe iarbă
Parecía reprocharle con voz moribunda
părea să-i reproșeze cu o voce pe moarte
y la acusó de ingratitud
iar el a acuzat-o de ingratitudine
Bella se despertó de su sueño.
frumusețea s-a trezit din somn
y ella estalló en lágrimas
iar ea a izbucnit în lacrimi
"¿No soy muy malvado?"
— Nu sunt eu foarte rău?
"¿No fue cruel de mi parte actuar tan cruelmente con la bestia?"
— Nu a fost crud din partea mea să mă comport atât de rău cu fiara?
"La bestia hizo todo lo posible para complacerme"
„fiara a făcut totul pentru a-mi mulțumi"
-¿Es culpa suya que sea tan feo?
— Este vina lui că e atât de urât?
¿Es culpa suya que tenga tan poco ingenio?
— Este vina lui că are atât de puțină inteligență?
"Él es amable y bueno, y eso es suficiente"
„El este bun și bun și asta este suficient"
"¿Por qué me negué a casarme con él?"
— De ce am refuzat să mă căsătoresc cu el?
"Debería estar feliz con el monstruo"
„Ar trebui să fiu fericit cu monstrul"

"Mira los maridos de mis hermanas"
„Uită-te la soții surorilor mele"
"ni el ingenio ni la belleza los hacen buenos"
„nici spiritul, nici o ființă frumoasă nu-i face buni"
"Ninguno de sus maridos las hace felices"
„niciunul dintre soți nu îi face fericiți"
"pero virtud, dulzura de carácter y paciencia"
„dar virtutea, dulceața temperamentului și răbdarea"
"Estas cosas hacen feliz a una mujer"
„Aceste lucruri fac o femeie fericită"
"y la bestia tiene todas estas valiosas cualidades"
„iar fiara are toate aceste calități valoroase"
"Es cierto; no siento la ternura del afecto por él"
"este adevarat; nu simt tandretea afectiunii pentru el"
"Pero encuentro que tengo la más alta gratitud por él"
„dar constat că am cea mai mare recunoștință pentru el"
"y tengo por él la más alta estima"
„și am cea mai mare stima pentru el"
"y él es mi mejor amigo"
„și el este cel mai bun prieten al meu"
"No lo haré miserable"
„Nu-l voi face nenorocit"
"Si fuera tan desagradecido nunca me lo perdonaría"
„Dacă aș fi atât de nerecunoscător, nu m-aș ierta niciodată"
Bella puso su anillo sobre la mesa.
frumusețea și-a pus inelul pe masă
y ella se fue a la cama otra vez
iar ea s-a culcat din nou
Apenas estaba en la cama cuando se quedó dormida.
abia dacă era în pat înainte de a adormi
Ella se despertó de nuevo a la mañana siguiente.
s-a trezit din nou a doua zi dimineața
Y ella estaba muy contenta de encontrarse en el palacio de la bestia.
iar ea a fost nespus de bucuroasă să se poată găsi în palatul fiarei

Ella se puso uno de sus vestidos más bonitos para complacerlo.
și-a pus una dintre cele mai frumoase rochii ale ei pentru a-i face plăcere
y ella esperó pacientemente la tarde
iar ea a așteptat cu răbdare seara
llegó la hora deseada
a venit ora dorită
El reloj dio las nueve, pero ninguna bestia apareció
ceasul a bătut nouă, dar nicio fiară nu a apărut
Bella entonces temió haber sido la causa de su muerte.
Beauty se temea atunci că ea fusese cauza morții lui
Ella corrió llorando por todo el palacio.
a alergat plângând prin tot palatul
Después de haberlo buscado por todas partes, recordó su sueño.
după ce l-a căutat peste tot, ea și-a amintit de visul ei
y ella corrió hacia el canal en el jardín
iar ea a fugit la canalul din grădină
Allí encontró a la pobre bestia tendida.
acolo a găsit biata fiară întinsă
y estaba segura de que lo había matado
și era sigură că l-a ucis
Ella se arrojó sobre él sin ningún temor.
ea s-a aruncat asupra lui fără nicio teamă
Su corazón todavía latía
inima îi mai batea
Ella fue a buscar un poco de agua al canal.
ea a luat niște apă din canal
y derramó el agua sobre su cabeza
iar ea i-a turnat apa pe cap
La bestia abrió los ojos y le habló a Bella.
fiara a deschis ochii și a vorbit frumuseții
"Olvidaste tu promesa"
„Ți-ai uitat promisiunea"
"Me rompió el corazón haberte perdido"

„Am fost atât de zdrobit că te-am pierdut"
"Resolví morirme de hambre"
„Am hotărât să mă înfometez"
"pero tengo la felicidad de verte una vez más"
„dar am fericirea să te văd încă o dată"
"Así tengo el placer de morir satisfecho"
„deci am plăcerea de a muri satisfăcut"
"No, querida bestia", dijo Bella, "no debes morir".
„Nu, dragă fiară", a spus frumusețea, „nu trebuie să mori"
"Vive para ser mi marido"
„Trăiește pentru a fi soțul meu"
"Desde este momento te doy mi mano"
"din acest moment iti dau mana mea"
"Y juro no ser nadie más que tuyo"
„și jur că nu fii decât al tău"
"¡Ay! Creí que sólo tenía una amistad para ti"
"Vai! Am crezut că am doar o prietenie pentru tine"
"Pero el dolor que ahora siento me convence;"
„dar durerea pe care o simt acum mă convinge";
"No puedo vivir sin ti"
„Nu pot trăi fără tine"
Bella apenas había dicho estas palabras cuando vio una luz.
frumusețea abia spusese aceste cuvinte când văzu o lumină
El palacio brillaba con luz
palatul strălucea de lumină
Los fuegos artificiales iluminaron el cielo
artificiile au luminat cerul
y el aire se llenó de música
iar aerul s-a umplut de muzică
Todo daba aviso de algún gran acontecimiento
totul a anunțat un eveniment grozav
Pero nada podía captar su atención.
dar nimic nu putea să-i rețină atenția
Ella se volvió hacia su querida bestia.
se întoarse spre fiara ei dragă
La bestia por la que ella temblaba de miedo

fiara pentru care tremura de frică
¡Pero su sorpresa fue grande por lo que vio!
dar surpriza ei a fost mare la ceea ce a văzut!
La bestia había desaparecido
fiara dispăruse
En cambio, vio al príncipe más encantador.
în schimb l-a văzut pe cel mai drăguț prinț
Ella había puesto fin al hechizo.
ea pusese capăt vrajei
Un hechizo bajo el cual se parecía a una bestia.
o vrajă sub care semăna cu o fiară
Este príncipe era digno de toda su atención.
acest prinț a fost demn de toată atenția ei
Pero no pudo evitar preguntar dónde estaba la bestia.
dar nu se putea abține să nu întrebe unde era fiara
"Lo ves a tus pies", dijo el príncipe.
— Îl vezi la picioarele tale, spuse prințul
"Un hada malvada me había condenado"
„O zână rea mă condamnase"
"Debía permanecer en esa forma hasta que una hermosa princesa aceptara casarse conmigo"
„Trebuia să rămân în această formă până când o prințesă frumoasă a acceptat să se căsătorească cu mine"
"El hada ocultó mi entendimiento"
„zâna mi-a ascuns înțelegerea"
"Fuiste el único lo suficientemente generoso como para quedar encantado con la bondad de mi temperamento"
„Ai fost singurul suficient de generos pentru a fi fermecat de bunătatea temperamentului meu"
Bella quedó felizmente sorprendida
frumusețea a fost fericită surprinsă
Y le dio la mano al príncipe encantador.
iar ea îi dădu mâna prințului fermecător
Entraron juntos al castillo
au intrat împreună în castel
Y Bella se alegró mucho al encontrar a su padre en el castillo.

iar frumusețea a fost încântată să-și găsească tatăl în castel
y toda su familia estaba allí también
și toată familia ei era acolo
Incluso Bella dama que apareció en su sueño estaba allí.
chiar și frumoasa doamnă care a apărut în visul ei era acolo
"Belleza", dijo la dama del sueño.
„frumusețe", a spus doamna din vis
"ven y recibe tu recompensa"
„Vino și primește-ți răsplata"
"Has preferido la virtud al ingenio o la apariencia"
„ai preferat virtutea în detrimentul inteligenței sau înfățișării"
"Y tú mereces a alguien en quien se unan estas cualidades"
„și meriți pe cineva în care aceste calități sunt unite"
"vas a ser una gran reina"
"vei fi o regină grozavă"
"Espero que el trono no disminuya vuestra virtud"
„Sper că tronul nu îți va diminua virtutea"
Entonces el hada se volvió hacia las dos hermanas.
apoi zâna se întoarse către cele două surori
"He visto dentro de vuestros corazones"
„Am văzut în inimile voastre"
"Y sé toda la malicia que contienen vuestros corazones"
„și știu toată răutatea pe care o conțin inimile voastre"
"Ustedes dos se convertirán en estatuas"
„Voi doi veți deveni statui"
"pero mantendréis vuestras mentes"
„dar vă veți păstra mințile"
"estarás a las puertas del palacio de tu hermana"
„Vei sta la porțile palatului surorii tale"
"La felicidad de tu hermana será tu castigo"
„Fericirea surorii tale va fi pedeapsa ta"
"No podréis volver a vuestros antiguos estados"
„Nu te vei putea întoarce la stările tale anterioare"
"A menos que ambos admitan sus errores"
„Dacă nu vă recunoașteți amândoi greșelile"
"Pero preveo que siempre permaneceréis como estatuas"

„dar prevăd că veți rămâne mereu statui"
"El orgullo, la ira, la gula y la ociosidad a veces se vencen"
„Mândria, mânia, lăcomia și lenevia sunt uneori cucerite"
" pero la conversión de las mentes envidiosas y maliciosas son milagros"
„ dar convertirea minților invidioase și răutăcioase sunt miracole"
Inmediatamente el hada dio un golpe con su varita.
imediat zâna a dat o lovitură cu bagheta ei
Y en un momento todos los que estaban en el salón fueron transportados.
și într-o clipă toate cele care se aflau în sală au fost transportate
Habían entrado en los dominios del príncipe.
intraseră în stăpâniile prințului
Los súbditos del príncipe lo recibieron con alegría.
supușii prințului l-au primit cu bucurie
El sacerdote casó a Bella y la bestia
preotul s-a căsătorit cu frumusețea și cu fiara
y vivió con ella muchos años
și a trăit cu ea mulți ani
y su felicidad era completa
iar fericirea lor era deplină
porque su felicidad estaba fundada en la virtud
pentru că fericirea lor era întemeiată pe virtute

El fin
Sfârșitul

www.tranzlaty.com

www.ingramcontent.com/pod-product-compliance
Lightning Source LLC
Chambersburg PA
CBHW011554070526
44585CB00023B/2603